AF336120

LIBERTÉ POUR TOUS

ENTRE

PARIS ET LYON

REVUE DE L'ANNÉE 1869

En 12 tableaux et 65 couplets

PAR

LOUIS DEBELFORT

Rédacteur de l'*AVANT-GARDE*

Prix : 20 centimes

LYON

ASSOCIATION TYPOGRAPHIQUE

REGARD, RUE DE LA BARRE, 12

1870

DÉPOT LÉGAL
Rhône
N° 33
1870

ENTRE PARIS ET LYON

REVUE DE L'ANNÉE 1869

En 12 tableaux et 65 couplets

Prélude.

(*Accordé sur l'air :* ENTRE PARIS ET LYON.)

—

Entre Paris et Lyon
J' vais tâcher, en chemin d' faire
— Sauf sifflets — un' chanson
Cher public, pour te plaire.

JANVIER

I

Une guitare annuelle.

(*Pincée sur l'air de la* SENTINELLE PERDUE.)

— Qui vive ! Holà ! Qui vive !...
— Janvier !
C'est le mois de la foule à compliments benoîts,
Figures à claque (eh ! il faut bien que tout vive !)
Chapeaux à plume vive...
Pour émarger vingt fois.

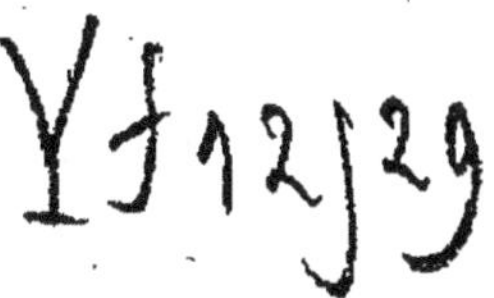
Y f 12529

Chœur *des fonctionnaires.*

— « O France, vous *êt's reine !*
Réponse. — Et vous, Messieurs, *êt's rois !* »
— Qui vive ! Holà ! Qui vive !
Ce *Mois !*

II

L'ouverture des Chambres.

(En clef de do, air national du Larifla.*)*

Quand *son* discours poussif
Au Corps législatif
Est lu d'un ton hâtif,
Le pays... pouf ! paf !! pif !!!
Larifla, fla fla, larifla, fla fla,
Larifla, fla, fla.

III

Au salon.

(Air Chenu *de la* Neige.*)*

Vous, pauvres gens, qui n'avez pas d'abri,
Entrez, entrez, dans le palais Saint-Pierre.
Vous, dont le corps par le froid est bleui,
Réchauffez-vous à son calorifère.
Vous, affamés, qui n'avez point de pain,
Empressez-vous sous ces antiques voûtes,
Et contemplant ces œuvres de rapin,
O ventres creux, pour tromper votre faim,
De vos yeux dévorez..... des croûtes ! *(bis)*
Oui, des croûtes !

IV

Enregistrement. Coût...

(Notes de : ELLE ME PLEURERA.)

Çà, greffier, écrivez : Vu les lois sur la presse,
Tel article... Attendu que la *Discussion*
En a fait dont le fond et la forme transgresse
Le but désigné par la Constitution.
Vu que, considérant, — et cœtera, pantoufle, —
Voyant fort bien du rouge où le public voit bleu,
Et d'ailleurs inspiré par un souverain souffle,
Le tribunal condamne... (Excusez-le du peu !)

ARRÊT.

« Condamne Dumarest en une simple amende
« De trois mille francs et le condamne, au surplus,
« A 2 mois de prison. » Que nul bruit je n'entende !
Huissier, à l'autre cause ! et qu'on n'en parle plus !! »

V

Le 31 janvier.

Quatuor final sur la barbarie de l'orgue de FUALDÈS.

1ᵉʳ personnage.

En *scie* on chante : *Va, hisse !*
Je m'offre... on me méconnait.

2ᵐᵉ personnage.

Moi, j'opine du *Bonnet*
Que mon œuvre s'établisse...

3ᵐᵉ personnage.

Un de ces quatre matins
Sur le plus beau *Desjardins.*

LE PUBLIC, *sur un air séculaire*.
Va-t-en voir s'ils viennent,

JEAN,

Va-t-en voir s'ils viennent.

FÉVRIER

VI

...Depuis lors on compte vingt ans !
Mais où sont les neiges d'antans ?...

(Souvenir grincé sur l'air de : BAC-
CHANAL.)

Gais enfants du carnaval,
   Où sont les années
Où vous alliez par fournées
   Faire bacchanal
A Saint-Just, à Saint-Fons,
   A la Guillotière ?
Le règne de *Misère*
   Succède aux *Brandons !*

REFRAIN :

Pour que Mardi-gras reprenne
Sa place, qu'à vous ne tienne !
   Crac !
Bacchanal ! bacchanal !
Donnez le signal du bal.
Bacchanal ! bacchanal !
Faites bacchanal !

VII

Les bals Lamotte.

(Orchestrés sur l'air du PIED QUI R'MUE.*)*

— Alcazar, quoiqu' *l'âm' haut'* vous ayez,
Certains assur'nt qu' vous agonisez.
— Ah ! M'sieu, c'est le clergé !
Quand je le vois, j'ai pas l' cœur ben aise,
Ah ! M'sieu, c'est l' clergé
Qui m'administre… mon congé.

REFRAIN :

J'ai un pied qui r'mue
Et l'antre qui ne va guère,
J'ai un pied qui r'mue
Et l'autre qui ne va plus.

VIII

A vos bancs citoyens !

Un ban célébrant le désiré Bancel !!!

Un second ban d'âge au doyen Raspail !!!

(A l'unisson sur l'air de : MA NORMANDIE.*)*

Quand tout naît à l'espérance,
Et que Bancel est de retour ;
Sous le beau ciel de notre France
Quand Raspail revient au grand jour.
Quand la liberté renaissante
Demande à cris des hommes sûrs,
J'aime notre cité puissante,
C'est le pays qui vote pour les purs !

IX

Quatuor final.

(Toujours en scie majeure d'après Fualdés.)

1er PERSONNAGE.

J'accours au chant de : *Va, hisse !*
On me dit : c'est carnaval !...

2 e PERSONNAGE.

Mille *bonnets*, c'est fort mal
Que tout Lyon se gaudisse...

3e PERSONNAGE.

Du modèle des préfets
Et *des jardins* que j'ai faits.

LE PUBLIC.

Récitatif en do mineur.

Hélas ! vous en avez, Messieurs, le nez si
[long
Qu'il en fait carnaval avec votre menton !

MARS

X

Un décès et ses revenus.

(Emargés sur l'air de : Malborough.)

Troplong s'en va-t-en terre
Mironton, mironton, mirontaine,
Troplong s'en va-t-en terre,
Ne sait s'il en r'viendra.

Il est mort z'avant Pâques,   Mironton,
Avant la Trinité.
Madame à la Cour monte,   Mironton,
Si haut qu'ell' peut monter.
— Bon sire, quell' bell' page , Mironton,
A signer m'apportez ?...
— Aux rent's que j'vous apporte, Mironton,
Vos beaux yeux vont sécher.
Par an vingt mille livres,   Mironton,
Madam', vous s'ront comptés.
— Mais sir', n'avez-vous crainte, Mironton,
Ainsi de vous ruiner ?
— Non, Madam' car qui paye,   Mironton,
C'est mon Peupl' bien aimé !...
... J' n'en dis pas davantage,   Mironton,
Car ce serait *trop long*.

XI

Le fonctionnarisme jugé sur deux faits.

Non, mes amis, non, je ne veux rien être !
Gardez vos croix pour certains *chevaliers*,
Qu'au tribunal vous verrez comparaître,
Escrocs malgré leur titre d'« officiers ».
Gardez vos dons : ce n'est point mon affaire,
Car les honneurs pourraient me rendre fou,
Et, comme C..., votre fonctionnaire,
Je pourrais bien aux miens couper le cou ! (*bis!*)

XII

Les deux plateaux de la balance.

En l'air ci-contre { — Sire, de grâce, écoutez-moi,
Je viens de sortir des galères !
— Je suis voleur, disait le roi,
Agissons ensemble en bons
[frères, etc.

Notre procureur général
Change d'emploi..... Qui le remplace ?.....
Cela doit bien nous être égal,
L'homme est absorbé par la place.
Gaulot remplacé par *Massin*
M'a fait faire un mot détestable ;
« Cède, *gaule, au* coup de *masse !* »
[— *Hein !* }*bis.*
Que le parquet m'envoie au diable !)

XII (*bis*)

Vendredi chair tu mangeras
Ou du maigre .. à ton agrément.

(*Commandement sur l'air de* JUPITER ET LES POÈTES.)

Saucissons, cervelas,
Jambons, viandes en tas.
Et les mets les plus gras,
Vendredi-Saint, composent nos repas.
Vous, dont le jeûne a fait le ventre libre,
N'êtes-vous pas aussi *libres-panseurs* ?
Alors pourquoi vous émouvoir la fibre
Quand vous pensez à nous, libres-mangeurs ?

Quand la Divinité
Succombe !... en vérité,
La pauvre Humanité
Doit chanceler, pour que Dieu soit fêté.

XIII

Quatuor final.

*Seriné encore sur le ton mélodique
de* FUALDÈS.

1er PERSONNAGE.

Mars pousse le cri : *Va, hisse !*
Je vole, et c'est encor... non.

2e PERSONNAGE.

Par cinq *Bonnets*, mon patron,
On ne vous rend pas justice !

3e PERSONNAGE.

Et que fera-t-on, enfin
Des jardins faits de ma main ?

REFRAIN PUBLIC :

Battu en mesure SUR LE DODO, SUR

LE DOMAINE.

Faites sur eux, ah, ah, ah, ah !   (*bis.*)
Faites à même,
Faites caca..., ah, ah, ah, ah !   (*bis.*)
Faites carême !

AVRIL

XIV

Premier poisson d'Avril.

(*A la sauce du* JUIF-ERRANT.)

On me dit qu'à Perrache
S'ouvre un fort beau concours.
De chroniqueur ma tâche
M'obligeant, moi, j'y cours,
Mais ne vois de gentil
Qu'un gros poisson d'avril.

XV

Deuxième poisson d'Avril.

(*A la sauce du* JUIF-ERRANT.)

On me dit : « Par la ville
On promène un bœuf gras. »
Je crois que c'est utile
De le voir, et j'y vas.
C'était un cheval vil :
Second poisson d'avril.

XVI

Troisième poisson d'Avril.

(*A la sauce du* JUIF-ERRANT.)

On me dit que bien ferme
Nos mandants parlent... — Bah !
L'un a dit : Tout à *Terme !*
C'lui-ci : Tu m'le *Perras !*
L'autre a l' *Descours* subtil
Comme un poisson d'avril.

XVII

Quatrième poisson d'Avril.

(*A la sauce du* JUIF-ERRANT.)

On me dit que la Chambre
Clôture ses débats.
Je m'enferme en ma chambre
Pour suivre pas à pas
De ses succès le fil...
Encor poisson d'avril !

XVIII

Cinquième poisson d'Avril.

(*A la sauce du* JUIF-ERRANT.)

On me dit : Le théâtre
Par Mons d'Herblay est clos...
Ce monsieur a su battre
La caiss' sur notre dos ;
En r'tour, qu' nous donna-t-il ?
De m'nus poissons d'avril !

XIX

Quatuor final.

(*Sixième poisson d'avril à la sauce
de* FUALDÈS.)

1er PERSONNAGE.

Cette fois Lyon *va hiss* —
— Er ma statu' pour de b'on.

2e PERSONNAGE.

C'est un *bon et* gros poisson,
Cher préfet, que l'on vous glisse...

3ᵉ PERSONNAGE.

Et d'taille à mettre aux bassins
Qui sont autour *des jardins*.

LE CHŒUR DU PUBLIC.

(*Sur la ronde de la Carmagnole.*)
En place Impératrice,
Mangez des pois... mangez du son...
Trop cher, Monsieur Vaïsse,
D'avril avalez le poisson !

MAI

XX

La naissance des feuilles.

(*Accueillie sur un refrain* TRÈS-CONNU.)
Joli mois de mai, quand reviendras-tu
M'apporter des feuilles,
Pour que je les cueille.
Joli mois de mai, quand reviendras-tu
M'apporter des feuilles
Pour pour pour mais... Chut !

COUPLET :

(*Soupiré sur l'air* : AH! VOUS DIRAI-JE
MAMAN.)

Ah ! vous dirai-je combien
De feuill's poussent à grand train ?
Feuill's politiqu's, littéraires,
Encombrent murs et libraires.
Mais si ça fatigu' les yeux,
Ça sert aux nécessiteux.

REPRISE DU REFRAIN :

Joli mois de mai, quand reviendras-tu
M'apporter des feuilles,
Pour que je les cueille.
Joli mois de mai, quand reviendras-tu
M'apporter des feuilles
Pour pour pour, mais... Chut !

XXI

Discours d'un vieux brave
au banquet du 5.

(*Célébré sur l'air* : QUAND ON REGARDE
LA COLONNE.)

« Lampons ! L'Empereur le permet !!
« Faites-moi raison, camarades.
« Et prenons encor notr' plumet,
« Avant d' défiler la parade...
« Du haut du ciel, Napoléon,
« (Garçon, un nouveau pot à onze !)
« Dis, es-tu content, oui-z-ou non !.....
(*Moment de silence.*)
..... Mais Napoléon point ne *bronze.*

XXII

Arrivée de Raspail à Lyon

(*Acclamée sur l'air des* GIRONDINS.)

Par sa voix faible et non sans charmes
Raspail appelle « ses enfants ».
— Allons, dit l'électeur aux armes !
C'est « mon père », je le défends !

REFRAIN :

Etre en sa *camphérrie* (*bis.*)
C'est le sort le plus beau, le plus digne d'envie! (*bis.*)

XXIII

Les Élections.

(*Faites sur l'air de la* MARSEILLAISE.)

Allons, enfants de la Patrie,
Le jour du vote est arrivé!
Depuis l'aurore à la Mairie
L'étendard sans gland est levé! (*bis.*)
Entendez-vous dans la campagne
Mugir le flot de ces soldats
Des plus pacifiques combats
D'où sort la Droite ou la Montagne.

REFRAIN :

Aux armes, citoyens, allez en bataillons!
Marchons, marchons,
Et que des Purs on acclame les noms!

XXIV

Quatuor final.

(*Rabâché de nouveau en romance
de* FUALDÈS.)

1er PERSONNAGE.

Permettez que j'en-*vahisse*
La plac' dont j' fis élection.

2e PERSONNAGE.

Oh! oui, prenez position
Sur votr' socl' *beau*, *net*, et lisse...

3e PERSONNAGE.

Et qu'on ne vous ballotte plus
Des jardins pour vous élus !

REPRISE PAR LES ÉLECTEURS.

De l'air des deux vers précédents.

Ce sera pour l'autr' session
Dans une autr' circonscription !

JUIN

XXV

D'Herblay ouvre les Célestins.

(*Sérénade* : AU CLAIR DE LA LUNE.)

« Au clair de mon lustre,
« Bienveillant Public,
« (*A part.*) Vrai comm' je te frustre,
« (*Haut.*) J'ai des acteurs chic.
« D'puis la saison-morte
« Ils n'ont plus leurs feux !
« Ouvre-leur la porte,
« Pour l'amour des gueux !

XXVI

Le Vengeur est lancé et sombre.

(*Procès-verbal rédigé* SUR L'AIR DU
TRA LA LA.)

Le cinq juin de l'an mil huit cent soixante-neuf
Apparut le *Vengeur*, journal pimpant et neuf.

BIBLIOTHÈQUE IMPR.

Mais s'étant fait colosse au sortir de son œuf,
D'un coup de point légal *procumbit humi bœuf !*
Sur l'air du tra la la la, *etc.*

XXVII

Un épisode des Processions.

(En plain-chant de : O FILII ET FILIÆ.)

Les bedeaux ayant mordicùs
Fait arrêter un omnibus,
Le cocher alla boire en fac'...
Diversitas !

XXVIII

Condamnation de l'AVANT-GARDE.

(Rendue sur deux fragments d'airs :
MIGNON ET BIEN FAIT.)

Connais-tu le pays où fleurit l'*Ollivier* ?
C'est aussi le pays qui produit l'*amendier*.

Frantz le sait !
C'est bien fait !
Fallait pas qu'il aille
S' fourrer dans la maille !

XXIX

Courses hippiques.

(Chœur des bêtes sur le CHANT DU
DÉPART.)

La victoire en champ clos nous ouvre la barrière,
Notre jockey guide nos pas.

Et du Nord au Midi l'heure réglementaire
A sonné l'instant des combats.
Tremblez ! ennemis de la France,
Chevaux anglais, ivres d'orgueil ;
Boulogne souverain s'avance ;
Baron, descendez au cercueil !

REFRAIN :

L'arrêt public (heu !) nous appelle.
Sachons vaincre, sachons courir ;
Un pur-sang doit vivre sous selle,
Sous selle un pur-sang doit mourir !

XXX

L'affaire de la Ricamarie.

A déclamer sur un ton lugubre.

Ils étaient là deux mille : enfants, hommes et femmes
Poussant d'immenses cris à déchirer les âmes :
— « Ah ! rendez-nous, soldats, mon père, mon mari,
« Mon enfant, mon voisin …! Mais le soldat a ri :
— « Notre bon chassepot ne sait pas faire grève,
« Comme ici, les mineurs… » Et soudain… est-
[ce un rêve ?…

— « FEU !… »

XXXI

Quatuor final

*(Grincé de rechef sur la corde
de FUALDÈS.)*
1er PERSONNAGE.

Serait-ce que l'ava(r)ice
S'oppose à mon érection !

2ᵉ PERSONNAGE.

A *bonne et* fort' réduction
Je consens, mais qu'ça finisse!...

3ᵉ PERSONNAGE.

Sinon, nous prenons des bains
Dans les vasques *des jardins !*

REFRAIN DE SAISON :

(*Sifflé par le public, en fanfare de la*
CASQUETTE A BUGEAUD.)

As-tu vu
Quelle veste
Il lui réste ?
Comm' Vaïsse est court-vêtu ?

JUILLET

XXXII

Prorogation de la Chambre

(*Décrétée toujours sur le même air
national du* LARIFLA.)

Le Corps législatif,
Veut se montrer rétif,
L'Empereur un peu vif
Lui donne sans motif,
En plain pif,
La rifla,
Un tel suif,
La rifla,
Qu'on s'en souviendra.

XXXIII
Les Distributions des prix

(*Faites sur l'air* : LAISSEZ LES ROSES
AUX ROSIERS,)

Distribuez prix et couronnes
Aux élèves forts dans leurs cours,
Mais n'endormez point nos personnes
Par d'interminables discours.
Ne voyez-vous pas que la mère
Attend d'embrasser son garçon ? } *bis.*
Pédants, vos leçons de grammaire
Ne sont point ici de saison. } *bis.*

XXXIV
A bas les masques !

(*Cri sur l'air de* FRA-DIAVOLO.)
Des feuilles lyonnaises
Croyant notre *Avant-Garde* à l'eau,
Ont voulu vêtir son manteau
Pour déguiser leur peau.
Alors, prenant leurs aises,
Et de *mordre* et de *tirailler !...*
Mais tous, de les voir tirailler,
Se sont mis à bailler.
REFRAIN :
Tremblez !
Rédaction bâtarde.
Car la vraie *Avant-Garde*
Reviendra !
Halte-là !
La voilà.

XXXV

Un programme imprimé d'avance

(Sur les presses de BARBARI, MON AMI.*)*

Gens d' la ville et des environs
Nous vous prév'nons d'avance
Que le quinze août nous célébrons
La « Fête de la France ! » (?)
Nous aurons jeux, r'vue, coups d' canon,
La fari don daine, la fari don don,
Fusé's lampions, et danse aussi
Biribi,
A la façon de Barbari,
Mon ami.

XXXVI

Quatuor final.

(Nasillé sur la complainte de FUALDÈS.*)*

1er PERSONNAGE.
Pendant que l'on y *va, hisse —*
— Moi pour la fête, ô Lyon !

2e PERSONNAGE.
Sinon, en *bonnet* d' coton
Je vais au feu d'artifice...

3e PERSONNAGE.
Et nous nous ferons bassins
En parlant *des jardins*

LYON (*même air.*)
Ecoutez c' que dit l'écho :
« Restez dans le *statu quo !* »

AOUT

XXXVII

Les Vacances.

(Donnez-vous de l'air : ENFANTS,
N'Y TOUCHEZ PAS.)

Du mois charmant
Qui vous donne vacance
Écolière, écolier, saluez la naissance.
Du mois charmant
Qui vous donne vacance,
Sachez, enfants, user joyeusement.

REFRAIN :

Ce mois qui de l'année,
Escompte trente-un jours.
Si Dieu vous écoutait, n'aurait qu'une jour-
Qui durerait toujours ! (*bis*.)   [née.

XXXVIII

Le Chemin de la Croix.

(Gravi en l'air : VIVE JÉSUS, VIVE SA CROIX.)
Jouve est au « Bulletin des Lois ».
Comme le Christ, son divin maître,
Il saura bien porter sa croix,
Et sinon s'y mettre... la mettre.

REFRAIN :

Chantons donc tous à haute voix : }*bis*.
Vive Jouve ! vive sa croix !

XXXIX

La Saint-Napoléon.

Cantate strophe en bouts-rimés.

SOULO.

. . . . Empereur
. . . . bienfaiteur.
. . . . Impératrice
. . . . bienfaitrice.
. . . . Prince- Enfant
. . . . bienfaisant.
. . . . France
. . . . reconnaissance.

CHŒUR D'ARTI (*stes*) CHAUDS

. . . . la mi-août
. . . . inspire
. . . . tout
. . . . l'Empire.

XXXX

Le boniment d'un crieur

(*Débité sur la scie :* PARTANT POUR LA SYRIE.)

« Un sou ! L'Impératrice
« Et le Prince à Lyon,
« Rues, visite à l'hospice,
« Tout !... jusqu'aux coups d' canon,
« Demandez le programme
« Des fêt's du vingt-cinq août.
« Demandez, Messieurs, Dames,
« Ç a ne coûte qu'un sou !

XXXXI

Inauguration du boulevard de l'Empereur.

(Naturellement sur l'air des POMPIERS DE NANTERRE.)

Pompiers d' village et de la ville,
V'nezfaire au nombr' de plusieurs mille,
Du boul'vard l'inauguration
Avec pompe et ostentation.
Dans cett' solennité
Jetez tous feux et flamme,
Mais en repartant, dame !
N'oubliez pas d' pomper.

REFRAIN :

Quand ces beaux pompiers vont à la Croix-Rousse,
Pleins d'un' noble ardeur, faut les admirer ;
Et l'enthousiasm' qui si fort les pousse
A forc' de les chauffer
Pourrait bien les incendier.
Zim la ï la — etc.

XXXXII

Le braconnage,

(Organisé sur l'air : BRIGADIER VOUS AVEZ RAISON.)

— En dépit des gard' et gendarmes,
Braconnier, continue ton vol...
(Tutti.) tige de bottes.

— Mais quand tu te sers de tes armes,
Ne va pas te fair' prendre au col...
   (*Tutti*.) let d'lapins.
—Tu n'attends pas, pour t' mettr'enchasse
Que l'mois d'août arrive au vingt-neuf...
   (*Tutti*.) de perdrix.
— Le chasseur quoi qu'il dise et fasse,
Dans cett' guerr' s'ra toujours *le bœuf*...
   (*Tutti*.) pas l'ministre.

XXXXIII

Quatuor final

(*Modelé sur la balançoire de* FUALDÈS.)

1ᵉʳ PERSONNAGE.

Dans le parc ça me *va ! hissé*,
Cher public, feu ton préfet...

2ᵉ PERSONNAGE.

Que je coiff'rai d' mon *bonnet*,
Pour qu'aucun oiseau l' salisse.

3ᵉ PERSONNAGE.

Mais parlons voir *des jardins*.
Ils serviront... à quell's fins ?

RÉPONSE *sur un air quelconque*.

On fera *des jardins* un grand water-closet,
Où chacun se rendra, pauvr' diable ou gros *bonnet*.
Et maintenant, *va ! hisse* !! et pourvu qu'elle tienne,
La statue deviendra colonne... vespasienne.

SEPTEMBRE

XXXXIV

Ouverture du Grand-Théâtre.

(Sur l'air-guimbarde : DANS SON DODO,
DANS SON DOMAINE.)

Le ban, dit du théâtre,
A Lyon, c'est d'Herblay   Ah ! ah !
Qui seul a l'droit d' le battre,
Mais avec quel air blet !   Ah ! ah !
Parisien, bon apôtre
Qui r'cueillis Raphaël,
Veux-tu prendre encor notre
Directeur actuel ?
C'lui-ci vaut l'au..... ah, ah, ah, ah,
C'lui-ci vaut l'autre.

XXXXV

Fruits mûrs

(A cueillir sur l'air de MADELINE.)

C'est au mois de septembre
Qu'on met la pêche au vin,
Qu'on parle de la Chambre,
Qu'on savoure un raisin.
Le Sénat se rassemble,
Mûre la poire semble,
Pour certain trône on tremble,
Et les melons
Sont bons !

XXXXVI

La Chasse.

(Fanfare sur l'air : TON, TON TON TAINE.)

Allons, chasseur, vite en campagne !
Du gibier voici la saison.
Ton ton, ton ton, ton taine, ton ton.
Mais reviens, avant qu' la nuit t'gagne,
Aux hall's tirer... ta provision
Ton ton, ton taine, ton ton.

XXXXVII

Les Vendanges

(Faites sur la ronde de la BELLE DIJONNAISE).

A l'entour de Lyon
Trotte, trotte,
Prends ta hotte.
A l'entour de Lyon,
Vendange, vigneron.
Le ban de « Mossieu l' Mare »
Te permet de « z'y fare ».
Et plus tard ton bon vin
Nous f'ra chanter ce refrain :

REFRAIN.

Oh ! que l'on est à l'aise (*bis*)
Près d'une beaujolai...ouai,ouai,ouai...se.

XXXXVIII

Exposition horticole

(*Pincée sur l'air des* Feuilles mortes).

« Monsieur, votre jury décerne la médaille
« Aux raves de Crimée, aux salsifis chinois,
« Surtout à la carott' de monstrueuse taille
« Importée du Mexique à la suit' d' nos exploits.
« Médaille aussi d'argent au radis d'Italie.
« Mention très-honorable au potiron romain.
« Second certificat aux prun's de Saint-Aubin. »

XXXXIX

Quatuor final

(*Mis en la bassinoire de* Fualdès).

1ᵉʳ PERSONNAGE.

J'attends que le cric — va! — hisse
Ma statue de son logis.

2ᵉ PERSONNAGE.

J' paye du vin de *Beaune et* de Nuits
A qui prête la main d'office...

3ᵉ PERSONNAGE.

Et je lui donne tout le foin
Des Jardins... pour son besoin.

LE PUBLIC, *en chœur de la* FAVORITE.

Que nul de nous ne cherche leur faveur !
Qu'ils restent seuls... à bercer leur erreur.

OCTOBRE

L

Lamy aux Variétés

(*En* LAMI*neur des* LOUIS D'OR.)

LAMY.

D'une direction nouvelle,
Messieurs, en prenant le far...DO,
Je vous épargne la ficelle
D'un programme long et do...RÉ.
D'ailleurs, qui veut par trop promettre
Fait dire aux gens : « Il (hum) l'a.... MI !
Lamy, Messieurs, est trop grand maître
Dans son art pour jouer en... FA.
Il se contente de vous dire,
En foulant de nouveau ce...SOL :
« Voyons, voulez-vous encore rire ?...
« Gones de Lyon, me voi...LA ! »

LE PUBLIC

(*Reprise de la fin de l'air.*)

Bravo ; dilate-nous la rate
A nous faire crier mer...SI.
Laisse la note délicate,
Et vive l'éclat de tes z...UT !

LI

Devant le conseil de guerre

(*Tenu en pompe sur la rengaîne du*
MIRLITON.)

LE COMMANDANT *à l'accusé* :
— Il a « r'tourné sa basque, »
Ce brave et feu pompier,

Parc' qu' vous étiez sans casque !
Donc à l'amende vous s'rez,
— Vu nos droits de pacha...

LE CHIRURGIEN, *à part.*

— Pître !

LE COMMANDANT.

..... Monsieur le docteur Chapot,
Pour avoir sur le « chapitre,
Par Aristot', du chapeau, »
Cru jouer avec le *cha*...
Cru jouer avec le *peau*...

LE CHIRURGIEN, *tombant foudroyé.*

— M'sieu Lachal, ce *chat*... ce *pot !*
C'est pour moi l' chassepot !

LII

A bon chat, bon rat !

(Ou les chats fourrés à la manifestation du 26.)

(*Miaulements sur l'air :* CHER DUMOLLET.)

REFRAIN.

Bon voyage,
Mouchards, agents !
Vers l'Obélisque abordez sans naufrage.
Bon voyage,
Mouchards, agents !
N'oubliez pas surtout vos *serre-gens.*

COUPLET.

Mais seuls vous vous serez mis en campagne.
Raspail, lui-même, est absent... Vous riez ?
Comme le peuple il joue à qui perd, *Gagne ;*
Et rira bien, qui rira le dernier !
Bon voyage, etc. (*Au refrain.*)

LIII

Quatuor final

(Rabâché en musique de FUALDÈS.)

1er PERSONNAGE.

Pour qu' ma statue trouv*ât iss*-
— Ue à cette impasse-là...

2e PERSONNAGE.

Il faudrait que l'on taillât
Notr' claque en *bonnet d'police*.

3e PERSONNAGE.

C'la vous donn'rait en effet
Des jardins le libre accès.

LE PUBLIC, *sur le ton : Uniforme des sergents-
de-ville.*

Mais préalablement, Messieurs, ne vous déplaise,
Il faudrait que ce cher Vaïss' « passât par Vaise, »
Prît la Mouche, et de mouche en *mouch'hardi*
Sə faire inscrire à la caserne de *Serin.* [s'en vînt

NOVEMBRE

LIV

Ah ! vous demandez ?... Eh bien, des navets !...

(Façonnés sur l'air : BONJOUR MON AMI
VINCENT.)

Amis, nous sommes-*t-y sœurs?*
Qu'on *soit* donc *unis* en frères,

Et les *chain's* d'nos exploiteurs
Sous nos *tram's* seront légères !
Crions sans retard,
Comme les *Jacqu's* : « *Hart*
« A qui va battant
« Monnaie sur notr' flanc.
« Il faut qu' ça finisse,
« Et ça, sans *remisse* !
« Non, ne souffrons plus
« Qu'on nous cla*que à nus* !
« Bistenclaque, pan. (*bis*).
« Le *métier* demand' qu' l'exemple soit
[*frappant.*

LV

Nos cercles démocratiques

(*Banquetés sur l'air du* CANAL SAINT
MARTIN.)

Selon l'usage antique,
Je bois à vous, TISSEURS,
RUCHE démocratique,
OUVRIERS TRAVAILLEURS !
Surtout vidons nos verres
Au cercle l'UNION
Qui propose à ses frères
La fédération !

REFRAIN.

Amis, à leur santé buvons de ce bon vin !
Et répétons en chœur notre plus gai refrain :
Vive ce jour de joie et de festin !
Amis, jusqu'à demain
Répétons ce refrain :
Vive ce jour de joie et de festin ! (*bis*).

LVI

Retour de l'Avant-Garde

(Sur l'air de la PARISIENNE.)

Peuple français, peuple des braves,
L'*Avant-Garde* et ses fiers soldats
Se dégageant de leurs entraves
Vont livrer de nouveaux combats.
Paris, Lyon, dans leur mémoire
Ont retrouvé ce cri de gloire.

REFRAIN.

En avant, marchons
Contre les canons.
De ce vin que pour leur retour nous fêtons,
Amis, versez à boire ! (*bis*).

LVII

Le chemin de fer

(Sifflés sur l'air : MONTONS A LA BARRIÈRE.)

Les ch'mins d' fer à Lyon
Ont cinq principal's gares.
Près de Saint-Paul, dit-on,
Un' nouvell' se prépare.
Nous verrons donc sous peu,
Avant qu' les trains n'démarrent
Les machines en feu
Fumer à nos *six gares*.

LVIII

A l'ouverture des Chambres.

(Solennisée en l'air national du LARIFLA.)

Au Corps législatif
Rochefort vient tardif.

Le chef d' l'exécutif
Rit d'un air... maladif.
Lariffla, etc.

LIX

Quatuor final

(Répété pour la 11ᵉ fois sur l'air de
FUALDÈS.*)*

1ᵉʳ PERSONNAGE.

L'an qui bientôt s'en *va*, *ic-*
— I me plantera-t-il net ?

2ᵉ PERSONNAGE.

Un chef-d'œuvre si *beau n'est*
Fait pour qu'en cave il moisisse !

3ᵉ PERSONNAGE.

Ah ! donnez-lui pour voisin
L'herbe et l'arbre *des jardins.*

BAILLEMENT DU PUBLIC

(Sur la fin de l'air : AH ! LAISSEZ-MOI
DORMIR.*)*

..... Je vous entends qui soupirez dans l'ombre :
« C'est un beau rêve ! .. » Ah ! laissez-moi dormir !

DÉCEMBRE

LX

Les manifestations du 8

(*Sur l'air* : IL PLEUT, BERGÈRE.)

Il pleut, il pleut, mes frères,
Chaque cierge s'éteint.
Bien désert est Fourvières,
Quand l'Alcazar est plein.
Mais que le démocrate
Ne se press' pas ainsi,
Car en vain il se flatte
De voir l'*Olympe* ici.

LXI

L'affaire de Pantin

(*Jugée sur l'air* : AU SANG QU'UN DIEU VA
RÉPANDRE.)

Au sang qu' Troppmann sut répandre
Ah! mêlez du moins vos pleurs,
Lecteurs, qui venez entendre
Le récit de ces horreurs.
Pour vous raconter les crimes
De ce *Troppmann*-iaqu' co-*Kink*,
Les journaux à cinq centimes
Le sont tous faits *Troppmann-Kink*.

LXII

Le nouveau ministère en mal d'enfant

(Crié sur l'air : IL ÉTAIT UN P'TIT HOMME.)

Il est un petit homme
Qui s' nomme — j'en ai l' *dos...sier !*—
Ollivier.
Comm' tout ch'min mène à Rome,
Il partit du pied gauch'... puis du droit,
Souffla l' chaud et l' froid,
Et foulant sa foi,
Finit par arriver
Ministre Olli...
Ministre Olli...
Le ministre Ollivier.

LXIII

A l'année 1869 !

(Apostrophe sur l'air : AU TONNEAU, LES INUTILES.)

Qu'as-tu fait de bon sur terre,
Pauvre année soixante-neuf?
As-tu détruit la misère ?
Le peuple n'est-il plus le bœuf?...
Inutile, *(bis)*
Va t'ensevelir tranquille
Au plus profond d'un caveau.
Au tonneau !... *(bis)*.
La vieille année... au tonneau !

LXIV

Quatuor final

(Une dernière fois sur l'assommoir de
FUALDÈS.)

1er PERSONNAGE.

Quanp ferai-je l'envahisse-
— Ment de la place..... Machin ?

2e PERSONNAGE.

Ce sera pour l'an prochain,
S'il nous est *bon et* propice.

3e PERSONNAGE.

Alors la cause *des jardins*
Obtiendra gains et... *regains !*

LE PUBLIC.

(Gamme des deux vers précédents.)

Vous êt's à l'ombr', restez-y,
Fats mis dos rez sol assis !

LXV

Plions bagage

(Sur le refrain : ENTRE PARIS ET LYON.)

Entre Paris et Lyon,
Vu qu'y a cinq cents kilomètres,
Pardon si ma chanson
Y perd ses boutons d' guêtres !

LOUIS DEBELFORT.

BIBLIOTHÈQUE IMPR.

LIBERTÉ POUR TOUS

L'AVANT-GARDE

ORGANE DES FRANCS-PARLEURS

Paraît tous les samedis

33, rue Thomassin à Lyon

Six mois : 5 francs

(Extrait du journal l'*Avant-Garde* nº 8)
J.-N. CLERC, directeur

www.ingramcontent.com/pod-product-compliance
Lightning Source LLC
LaVergne TN
LVHW012304050726
842524LV00004B/1201